KLEINER HISTORISCHER BIBELATLAS

Herausgegeben von
G. Ernest Wright und Floyd V. Filson

Deutsche Bearbeitung von
Theodor Schlatter

Calwer Verlag Stuttgart

Umschlag Hansjoachim Kirbach. Luftaufnahme (Photo dpa): Das Bild zeigt die Landschaft des Jordangrabens. Der Standort des Flugzeugs ist am östlichen Rand des Tales auf der Breite von Jericho; der Blick geht in nordwestlicher Richtung zum westlichen Bergland hinüber. Rechts zeigt sich der Gipfel des Karn Sartabe (des Sartabe-Horns), 379 m, auf dem einst Alexandreion, eine Festung der Hasmonäer und des Herodes, lag (s. Karte XII und XIII, C 4). Links ist im Hintergrund der langgestreckte Höhenzug des Ras et-Tuwanik sichtbar, 868 m über dem Meer, etwa 10 km ostsüdöstlich von Sichem (heute Nablus). Die Fläche vor dem Anstieg des Gebirges ist die Ebene von Chirbet Phasa'il, des alten Phasaelis (s. Karte XIII und XIV, C 4). Der Mittelgrund des Bildes zeigt die Steppe des Jordantals, in die sich der Fluß mit seinem schmalen Bett so tief eingegraben hat, daß er nicht zu sehen ist. Im Vordergrund die zerklüfteten, öden Mergelbänke, mit denen das Bergland des Ostens zum Tal abfällt.

CIP-Kurztitelaufnahme der Deutschen Bibliothek

Kleiner historischer Bibelatlas / hrsg. von G. Ernest Wright und Floyd V. Filson. Dt. Bearb. Theodor Schlatter. – 6. Aufl. – Stuttgart: Calwer Verlag, 1978.
ISBN 3-7668-0246-1

NE: Wright, George Ernest [Hrsg.]; Schlatter, Theodor [Bearb.]

ISBN 3-7668-0246-1

© 1960 Calwer Verlag Stuttgart
Maps Copyright, The Westminster Press, Philadelphia, Pennsylvania, USA. International Copyright secured.
All rights reserved

Sechste Auflage der deutschen Ausgabe. 101. bis 121. Tausend 1978
Kartographie der deutschen Ausgabe: Kartographisches Institut Helmut Fuchs, Leonberg-Eltingen.
Druck: Gutmann + Co, Heilbronn

Verzeichnis der farbigen Karten

Karte I	Reliefkarte von Palästina
II	Die Welt der Erzväter (um 2000—1700 v. Chr.)
	dazu: Die Völkertafel des A. T.
III	Der Auszug aus Ägypten
IV	Palästina in der Richterzeit
V	Das Reich Davids und Salomos (1000—930 v. Chr.)
VI	Israel und Juda in Elias Zeit (um 860 v. Chr.)
VII	Juda in Jesajas Zeit (um 700 v. Chr.)
VIII	Das assyrische Reich zur Zeit Jesajas (um 700 v. Chr.)
IX	Die Weltreiche zur Zeit Jeremias (um 585 v. Chr.)
X	Das persische Reich in seiner größten Ausdehnung (um 500 v. Chr.)
XI	Die Provinz Juda in Nehemias Zeit (um 444 v. Chr.)
XII	Palästina in der Makkabäerzeit (168—63 v. Chr.)
XIII	Palästina unter Herodes d. Gr. (40—4 v. Chr.)
XIV	Palästina zur Zeit Jesu
XV	Die Reisen des Paulus
XVI	Jerusalem in biblischer Zeit

Zur deutschen Ausgabe

Wer einen geschichtlichen Vorgang verstehen will, muß ein klares Bild von dem Raum gewinnen, in dem die Geschichte spielte. Darum ist ein historischer Atlas für jeden Freund der Geschichte unentbehrlich. Das gilt auch für das Geschehen, von dem uns die Bibel berichtet. Deshalb ist es uns eine Freude, den deutschen Bibellesern einen „Kleinen historischen Bibelatlas" zu geben, der im englischen Sprachgebiet schon weite Verbreitung fand („The Westminster Smaller Bible Atlas, edited by G. Ernest Wright and Floyd V. Filson", herausgegeben von der Westminster Press in Philadelphia, USA). Dieser kleine Atlas wird, da er von jedem Studierenden der Theologie erworben werden kann, ein gutes Hilfsmittel im akademischen Unterricht werden. Er wird mannigfach den Religionsunterricht in den oberen Klassen unserer Schulen beleben und vertiefen können. Er kann dem Freund der Bibel, der sich die Vorgänge anschaulich machen will, ein unentbehrliches Werkzeug werden, weil er ihm den Raum deutlich macht, in dem Gott sich in einer irdisch-menschlichen Geschichte offenbarte.

Wer mehr erwartet, als dieser kleine Bibelatlas geben kann, sei auf den großen „Westminster Historical Atlas to the Bible" verwiesen, der außer 33 farbigen Tafeln zugleich 77 eindrucksvolle Photo-Aufnahmen und sehr vollständige Listen biblischer Ortsnamen enthält und in dem begleitenden (englischen) Text auf Grund der archäologischen Forschung der Gegenwart eine gute Darstellung der Geschichte und Geographie Palästinas gibt.

Daß die Karten eines historischen Atlas in manchen Einzelheiten — etwa in der Einzeichnung von Grenzen oder in der Ansetzung bestimmter Ortslagen — auf Vermutungen beruhen, die vielleicht oder wahrscheinlich richtig sein mögen, sei ausdrücklich gesagt; manch ein Fragezeichen in diesen Karten deutet darauf hin. Die fortschreitende Forschung mag das Bild da und dort ein wenig verschieben.

Die Schreibung der alten Namen ist nicht einheitlich; bei den bekannten Namen ist die Schreibweise der Lutherbibel beibehalten, bei anderen Namen ist die wissenschaftlich richtige Aussprache aufgenommen (z. B. Beth-schean statt Bethsean oder Bethsan). Auf eine genaue Wiedergabe der semitischen Konsonanten, z. B. eine Unterscheidung der verschiedenen s, mußte verzichtet werden.

Der Calwer Verlag gibt diesen kleinen Atlas in der Hoffnung hinaus, er dürfe vielen Freunden der Bibel einen guten Dienst tun.

Th. Schlatter

Zu den Karten

KARTE I zeigt mit ihrer Relief-Darstellung die Gebirge und Täler Palästinas. Deutlich ist der Einbruch des Jordan-Grabens erkennbar, der sich (von dem jetzt zu Land gemachten Hule-See) über das Tote Meer hinaus südwärts in der Araba fortsetzt. Vom Westen und vom Osten fällt das Gebirge zu diesem Graben in einem mannigfach gefurchten Steilabfall ab. Es ist beachtlich, wie nahe der nordwärts streichende Grat des westjordanischen Gebirges dem Jordantal ist. Nach Westen senkt sich das Gebirge von Juda und Samaria in mehreren Stufen zum Hügelland der Schephela und zu den Ebenen am Mittelmeer. Ein nordwestlicher Ausläufer des Gebirges von Samaria erreicht im Karmel das Mittelmeer. Die Ebene Jesreel, durch die der Kison (heute Nahr el-muqatta) fließt, ist wie das Jordantal durch Einsturz entstanden. Im Norden steigt das Bergland von Galiläa, ohne für eine breitere Küstenebene Raum zu lassen, zu größerer Höhe an. Während im eigentlichen Palästina die einstige Hochfläche des Kalkgebirges stark gegliedert wurde, finden sich im Negeb im Süden größere Hochflächen; auch im Ostjordanland blieb das Tafelland als Hochebene erhalten.

Die Welt der Erzväter, das heißt die ersten Jahrhunderte des zweiten vorchristlichen Jahrtausends, zeigt KARTE II. Sie nennt — mit dem alten oder mit einem jüngeren Namen — die Ortslagen, deren Besiedlung für jene Zeit nachgewiesen ist. Zugleich gibt sie für die Länder rund um das Mittelmeer an, welche frühgeschichtlichen Kulturen damals bestanden. Die kleine Nebenkarte macht den Versuch, das Schema der Völkertafel aus 1. Mose 10 mit der Gliederung in semitische, hamitische und japhetitische Völker geographisch darzustellen.

Für den Auszug aus Ägypten — KARTE III — kann der Weg der Scharen Israels nur vermutet werden; er ist auf dem Kartenbild als gestrichelte Linie eingezeichnet. Die Karte läßt erkennen, wie das Reich Ägypten zur Sinai-Halbinsel mit ihren Kupferminen und nach Palästina hinübergriff und wie im Ostjordanland schon kleine Königreiche entstanden waren.

In KARTE IV soll die Aufteilung Palästinas auf die einzelnen Stämme während der Richterzeit dargestellt werden; an mancher Stelle kann der Verlauf der Grenzen nur auf Grund von Vermutungen gezeichnet werden. Bedeutsam ist, wie im westjordanischen Gebiet Juda und die beiden Joseph-Stämme Ephraim und Manasse herausragen. Der Stamm Dan ist sowohl in seinem ursprünglichen Gebiet im Süden wie bei den späteren Wohnsitzen an den Jordanquellen eingetragen.

KARTE V zeigt das Reich Davids und Salomos. Grün umrandet sind die Eroberungen, die gegen Osten und Norden zeitweilig gelangen. Unabhängig blieben die Stadtstaaten der Philister und Phönizier, so daß das Reich Davids wesentlich ein Binnenreich war, ohne den Anschluß an das Meer zu gewinnen. Zugleich zeigt die Karte die zwölf Verwaltungsbezirke Salomos in ihren vermutlichen Grenzen.

In KARTE VI sind für die Zeit Elias die Reiche Juda und Israel mit ihren Nachbarländern, den Reichen der Syrer und der Ammoniter und den Stadtstaaten der Philister und Phönizier, dargestellt; das alte Reich Moab stand noch unter der Oberhoheit Israels, wie Edom von Juda beherrscht war.

Dann zeigt mit dem gleichen Kartenbild KARTE VII das Vorrücken der assyrischen Großmacht zur Zeit Jesajas. Das Reich der Syrer von Damaskus, die Stadtstaaten der Phönizier und Philister, das Reich Israel bestehen nicht mehr; die kleinen Reiche Juda, Ammon, Moab, Edom sind bedroht. Die Karte nennt auch die Namen der assyrischen Provinzen.

KARTE VIII zeigt für die gleiche Zeit das assyrische Reich im größeren Raum; selbständig sind noch Elam und Ägypten, während Juda, Moab und Edom, auch Tyrus zu den tributpflichtigen Völkern gehören.

Ein starkes Jahrhundert später, zu Jeremias Zeit (KARTE IX), war an die Stelle der assyrischen Weltmacht die babylonische getreten. Elam war erobert; Juda verlor seine Freiheit; Tyrus konnte sich behaupten. Unabhängige Reiche waren das Reich der Meder, das lydische Reich und Ägypten. Anschaulich zeigt die Karte, wie griechische Kolonisation und griechische Kultur über Mazedonien zur West- und Südküste des Schwarzen Meeres vordrangen und die Inselwelt des Mittelmeers mit Kreta und Zypern sowie alle Küstengebiete (Syrien, Palästina, Ägypten und Kyrene) unter ihren Einfluß brachten.

KARTE X zeigt das persische Reich auf der Höhe seiner Macht etwa um 500 v. Chr. Es griff weit nach Osten und Nordosten hinaus, bis nach Indien, hatte über Kleinasien hinaus Thrazien erobert und über Syrien und Palästina hinweg Ägypten und Libyen unterworfen.

Als einen Ausschnitt aus diesem Machtbereich zeigt für die Zeit Nehemias KARTE XI die 5. persische Satrapie mit ihren Provinzen von Arwad und Hamath bis Asdod, Idumäa und Moab, dazwischen auch die kleine Provinz Juda.

Die KARTE XII läßt erkennen, in welch erstaunlichem Maß es dem Makkabäer Alexander Jannai gelang, die Grenzen des jüdischen Reiches hinauszuschieben, sowohl im Ostjordanland wie zur Küste des Mittelmeers hin, wo von den alten Philisterstädten nur Askalon eine freie Stadt blieb.

Den wesentlichen Teil dieser Länder — mit einem Zuwachs im Nordosten — umfaßte auch das Reich Herodes des Großen (KARTE XIII). Daneben war die Dekapolis ein Bund unabhängiger, griechisch geprägter Städte, der mit einem seiner Bundesglieder, der Stadt Skythopolis, dem alten Beth-schean, in das Westjordanland hinübergriff.

Die politischen Verhältnisse Palästinas während der Wirksamkeit Jesu stellt KARTE XIV dar: Judäa und Samaria unter der Verwaltung des Pilatus, Galiläa und Peräa als zwei getrennte Gebiete unter Herodes Antipas, die Gebiete im Nordosten unter Philippus; dazu das Gebiet der Dekapolis, dieses Städtebundes, der an Umfang und Bedeutung gewonnen hatte und im Norden noch Damaskus umfaßte.

KARTE XV zeigt die östliche Hälfte der Mittelmeerwelt mit der Einteilung in römische Provinzen; so läßt sie zur Frage des Galaterbriefs erkennen, wie die römische Provinz Galatien aus den Landschaften Pisidien, Lykaonien, Teilen von Phrygien und dem Land der keltischen Galater gebildet ist. In die Karte sind mit fünf verschiedenen Linien die Reisen des Apostels Paulus von der Reise nach Damaskus bis zur Fahrt nach Rom eingezeichnet.

KARTE XVI gibt in einem Bild, das die Gestaltung der Höhen und Täler um Jerusalem erkennen läßt (des Kidrontals, des Hinnomtals und des Tyropöon-Tals = Käsemachertals innerhalb der Stadt), eine Skizze zur geschichtlichen Entwicklung Jerusalems: schwarz eingezeichnet sind die ältesten Teile auf dem Hügelrücken im Südosten, Mauern aus der Zeit Salomos, die Mauer Hiskias; rot eingezeichnet ist das Jerusalem zur Zeit des Neuen Testaments mit dem Tempel des Herodes, der Burg Antonia, dem Palast des Herodes und der Ummauerung, wobei der Verlauf der zweiten Nordmauer nicht gesichert ist; gelb gezeichnet sind die dritte Nordmauer, die 42 n. Chr. begonnen wurde, und die Mauer Hadrians; braun ist die Linie der mittelalterlichen Mauer, die die älteste Stadtlage im Süden nicht mehr umfaßte, aber im Norden neu entstandene Teile der Stadt einschloß. Der Raum der Grabeskirche kann dann als Stätte von Jesu Kreuzigung und Auferstehung in Frage kommen, wenn die zweite Mauer in gebrochener Führung südlich und östlich von dem Gelände der Grabeskirche verlief.

Zu diesen 16 farbigen Karten werden hinzugefügt:

1. Ein Blatt, das in verschiedenen QUERSCHNITTEN maßstabgerecht die Faltung und Höhenschichtung des Landes darstellt (dieses Blatt verdanken wir dem — z. Z. leider vergriffenen — großen Bibelatlas von Guthe):

a) der Querschnitt vom Mittelmeer durch Galiläa zum alten Basan zeigt die Erhebung des Karmel (hier noch nicht an seiner höchsten Stelle), das Tal des alten Kison (heute Nahr el-muqatta), die Erhebung des galiläischen Berglandes mit dem Gipfel des Dschebel Tur'an (541 m) und der eingebetteten Ebene Sahel el-battof (einst Jiphthach-el), dann den Ab-

Fortsetzung nach dem Kartenteil

Karte II

Edited By G. Ernest Wright and Floyd V. Filson

Cartography By Hal & Jean Arbo

DIE WELT DER ERZVÄTER
(UM 2200–1700 V. CHR.)

International Copyright Secured. All Rights Reserved
Copyright, The Westminster Press

Maßstab in km

0 200 400 600 800 1000

Städte
○ Hauptweg der Erzväter
● Orte der Erzväter

Biblische Ortslagen erscheinen unter dem biblischen Namen. Andere Orte sind mit zeitgenössischen oder jüngeren Namen aufgeführt. Orte, die damals besiedelt waren, aber nur mit jüngeren Namen bekannt sind, sind schwarz unterstrichen.

(Turkestan)

(Afghanistan)

(Belutschistan)

(ARAL-SEE)

(Salzwüste)

(KASPISCHES MEER)

Kulturen von Kuban und Terek

(PERSISCHER GOLF)

Tepe Sialk

Tepe Gijan

Elam

Susa
Arrabscha
Ur Eridu
Alte Küste

(Arabische Wüste)

(INDISCHER OZEAN)

(VAN-SEE)

Assyrien
Ninive
Assur
Tigris
Euphrat
Babylonien
Babylon Kisch
Nippur
Eschnunna
Erech

Kaukasus

Dünen- und Steppen-Kulturen

(SCHWARZES MEER)

Altes Hetiter Reich

Haran
Karkemisch
Halys
Kanisch
Tarsus
Mersin
Ugarit
Alalach
Aleppo
Arvad
Byblos
Tyrus
Sidon

Mari
Tadmor
Hamat
Tirqa
Qatna
Damaskus
Sichem
Hazor
Jerusalem
Aschkelon
Gerar
Gaza
Beerseba
Tanis
On
Memphis
Heliopolis

ROTES MEER

Punt

(PERSISCHER GOLF)

Karpaten
Kultur von Borodog-Keresztur
Frühe Bronzezeit
Kultur von Michelsberg
Kultur von Tripolje
Alpen
Mazedonien
Thessalien
Troas (6. Schicht)
Kykladen
Kaphthor / Kreta
Alaschja / Cypern

(MITTELMEER)

Süditalienische Kupferzeit
Sizilische Kultur
Megalithische Gräber
Kupfersteinzeit
Ausläufer der Steinzeit

Libyen

Nil
Bubastis
Alalu
Nil
Theben
Elephantine
1. Katarakt
2. Katarakt
Semna
3. Katarakt
4. Katarakt
Nechab
Nechen

Ägypten
Heraklopolis
Benihasan
Abydos

Kusch
(Meroe)
5. Katarakt
6. Katarakt
(Khartum)
Blauer Nil
Weißer Nil

Megalithische Gräber
Kultur von Almeria
Kupfersteinzeit
Megalithische Kupfersteinzeit
Pyrenäen

DIE VÖLKERTAFEL DES A.T.
(aus 1. Mose 10 und verwandten Quellen):

Japhet oder indoeuropäische Völker — Rot
Ham oder afrikanische Völker — Blau
Sem oder semitische Völker — Orange
Ham und Sem zugeteilt — Schwarz

GOMER
ASCHKENAS
MEDER
ELAM
ASSUR
HAZAR-MAWETH
HAVILA
SABA
OPHIR
JOKTAN
GETER
UZ
ARAM
ARPACHSAD
TOGARMA
TUBAL
MESCHECH
RIPHATEN
GOG
LUD
KITTIM
KANAAN
JAVAN
KAPHTHOR
PATHROS
MIZRAJIM
ÄGYPTEN
KUSCH
ÄTHIOPIEN
LEHABITER
LIBYEN
LUBITER
PUT

TARSCHISCH?
TARSCHISCH?

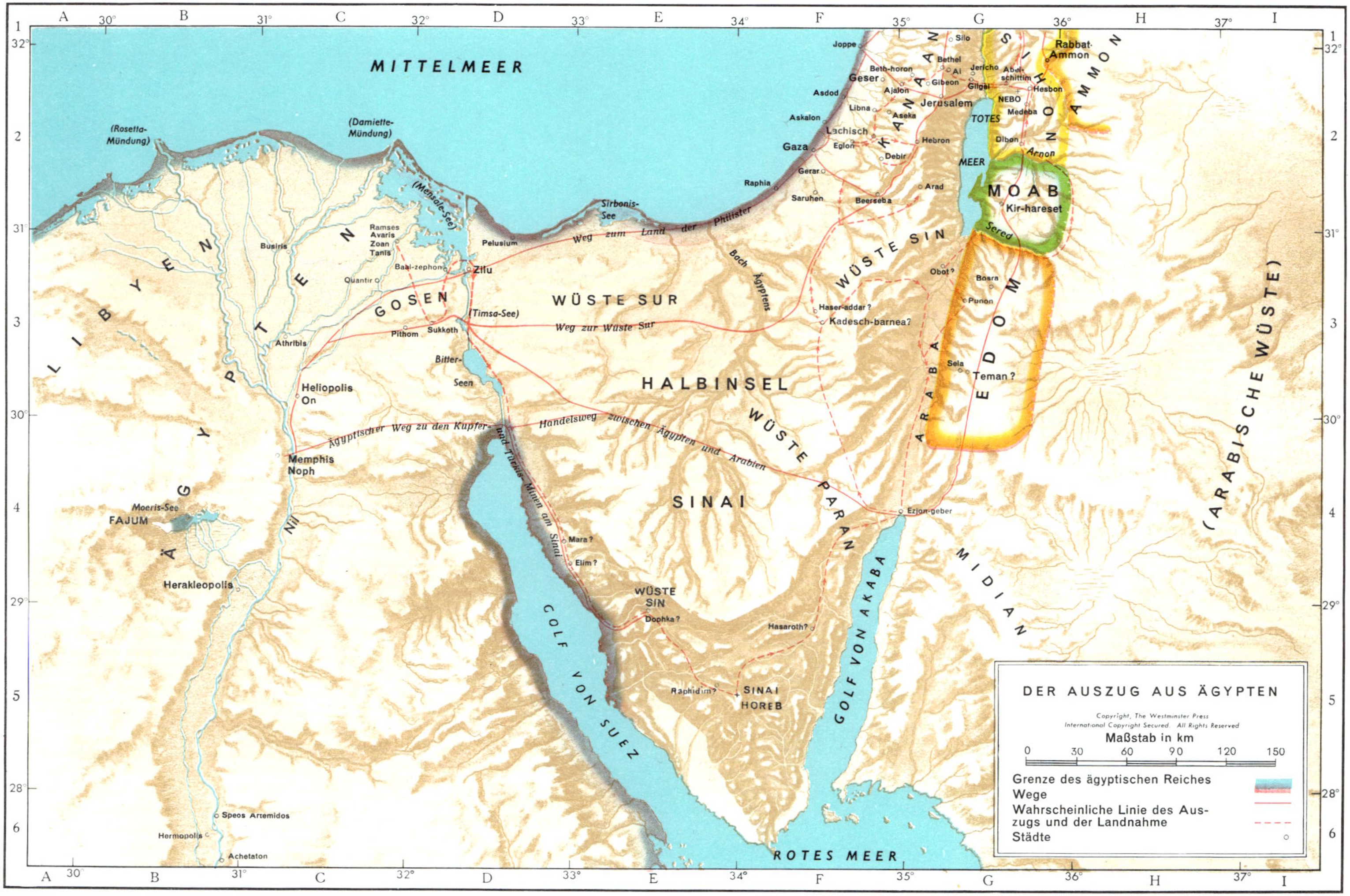

Karte III

DER AUSZUG AUS ÄGYPTEN

Copyright: The Westminster Press
International Copyright Secured · All Rights Reserved

Maßstab in km

30   60   90   120   150

0   30

Grenze des ägyptischen Reiches
Wege
Wahrscheinliche Linie des Aus-
zugs und der Landnahme
Städte

Edited By G. Ernest Wright and Floyd V. Filson

Cartography By Hal & Jean Arbo

MITTELMEER

(Rosetta-Mündung)
(Damiette-Mündung)
(Mensale-See)

L I B Y E N
Ä G Y P T E N
G O S E N

Hermopolis
Buseiris
Athribis
Heliopolis
On
Memphis
Noph
Spées Artemidos
Achetaton
Herakleopolis
FAIUM
Moeris-See
NIL

Ramses
Avaris
Zoan
Tanis
Quantir
Baal-zephon?
Pelusium
Zilu
Sukkoth
Pithom
Bitter-
Seen
(Timsa-See)
Sirbonis-See
Weg zum Land der Philister

WÜSTE SUR
Weg zur Wüste-Sur
Bach Ägyptens

HALBINSEL SINAI
WÜSTE PARAN
WÜSTE SIN

GOLF VON SUEZ
ROTES MEER
GOLF VON AKABA

Mara?
Elim?
Dophka?
Raphidim?
Masserot?
SINAI HOREB
WÜSTE SIN

Handelsweg zwischen Ägypten und Arabien
Ägyptischer Weg zu den Kupfer- und Türkis-Minen am Sinai

M I D I A N

Ezeon-geber

A R A B A

E D O M
Bosra
Punon
Sela
Teman?

M O A B
Kir-Hareset
Sered
Oboth?
Dibon
Heshon
Medeba
Arnon

A M M O N
Rabbat-Ammon
Jericho
abal-schittim

S I H O N
NEBO
TOTES MEER

Hasar-addar?
Kadesch-barnea?

Joppe
Aphek
Geser
Askalon
Gaza
Raphia
Gerar
Saruhen
Gezer
Beerseba
Arad
Hebron
Aseka
Libna
Lachisch
Eglon
Debir
Bethel
Ai
Gibeon
Jerusalem
Silo

(ARABISCHE WÜSTE)

Karte IV

Cartography By G. A. Barrois and Hal & Jean Arbo — Edited By G. Ernest Wright and Floyd V. Filson

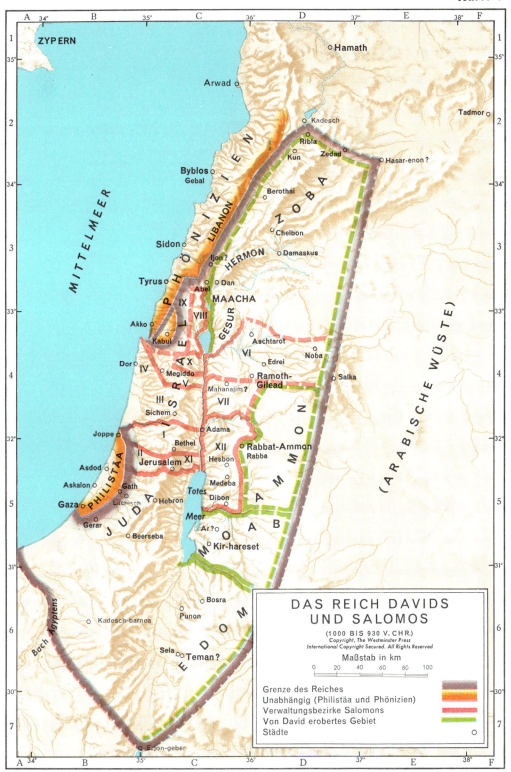

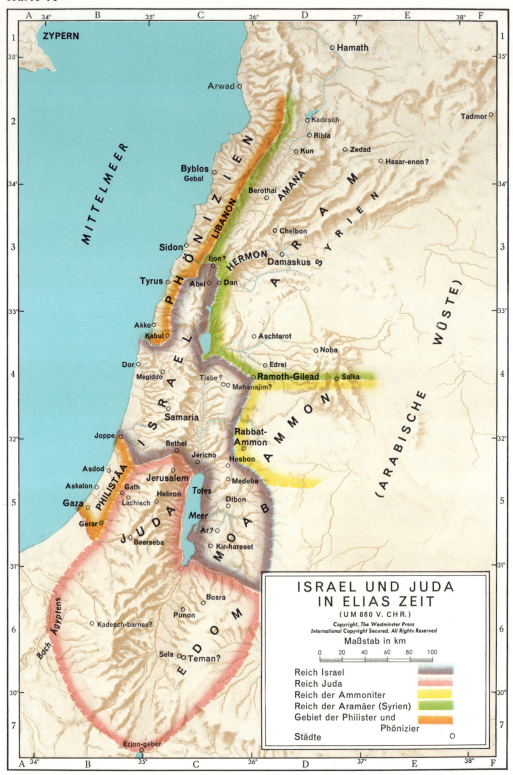

Karte VIII

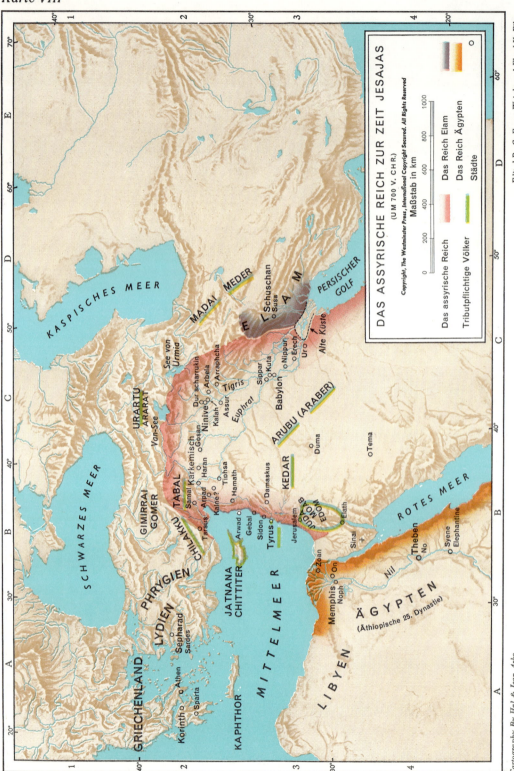

Karte IX

DIE WELTREICHE ZUR ZEIT JEREMIAS
(UM 585 V. CHR.)

Copyright, The Westminster Press, International Copyright Secured. All Rights Reserved

Maßstab in km

0 200 400 600 800 1000

Babylonisches Reich	Griechischer Einfluß
Medisches Reich	Freistadt Tyrus
Ägyptisches Reich	Städte
Lydisches Reich	

Edited By G. Ernest Wright and Floyd V. Filson

Cartography By Hal & Jean Arbo

KASPISCHES MEER

SCHWARZES MEER

MITTELMEER

ROTES MEER

PERSISCHER GOLF

MEDISCHES REICH

LYDISCHES REICH

URARTU ARARAT

KOLCHIS

ELAM

PERSIEN

CHALDÄA

ARABIEN

KEDAR

ÄGYPTEN
(26. Dynastie von Sais)

LIBYEN

GRIECHENLAND

JONIEN

LYKIEN

KITTITER

ZILIZIEN

KAPHTHOR

See von Urmia

Van-See

Tigris

Euphrat

Nil

Alte Küste

Olbia
Istrus
Odessus
Apollonia
Byzanz
Sepharad
Sardes
Athen
Korinth
Sparta
Kyrene
Dioskorias
Phasis
Trapezunt
Sinope
Tarsus
Hamath
Arwad
Gebal
Sidon
Tyrus
Samaria
Gaza
Daphne
Sais
Tachpanches
On
Naukratis
Memphis
Noph
Sinai
Elath
Theben
No
Syene
Elephantine
Achmeta
Ekbatana
Arbela
Haran
Karkemisch
Tiphsa
Damaskus
Tadmor
Duma
Tema
Dedan
Kuta
Babylon
Nippur
Erech
Ur
Schuschan
Susa

Karte X

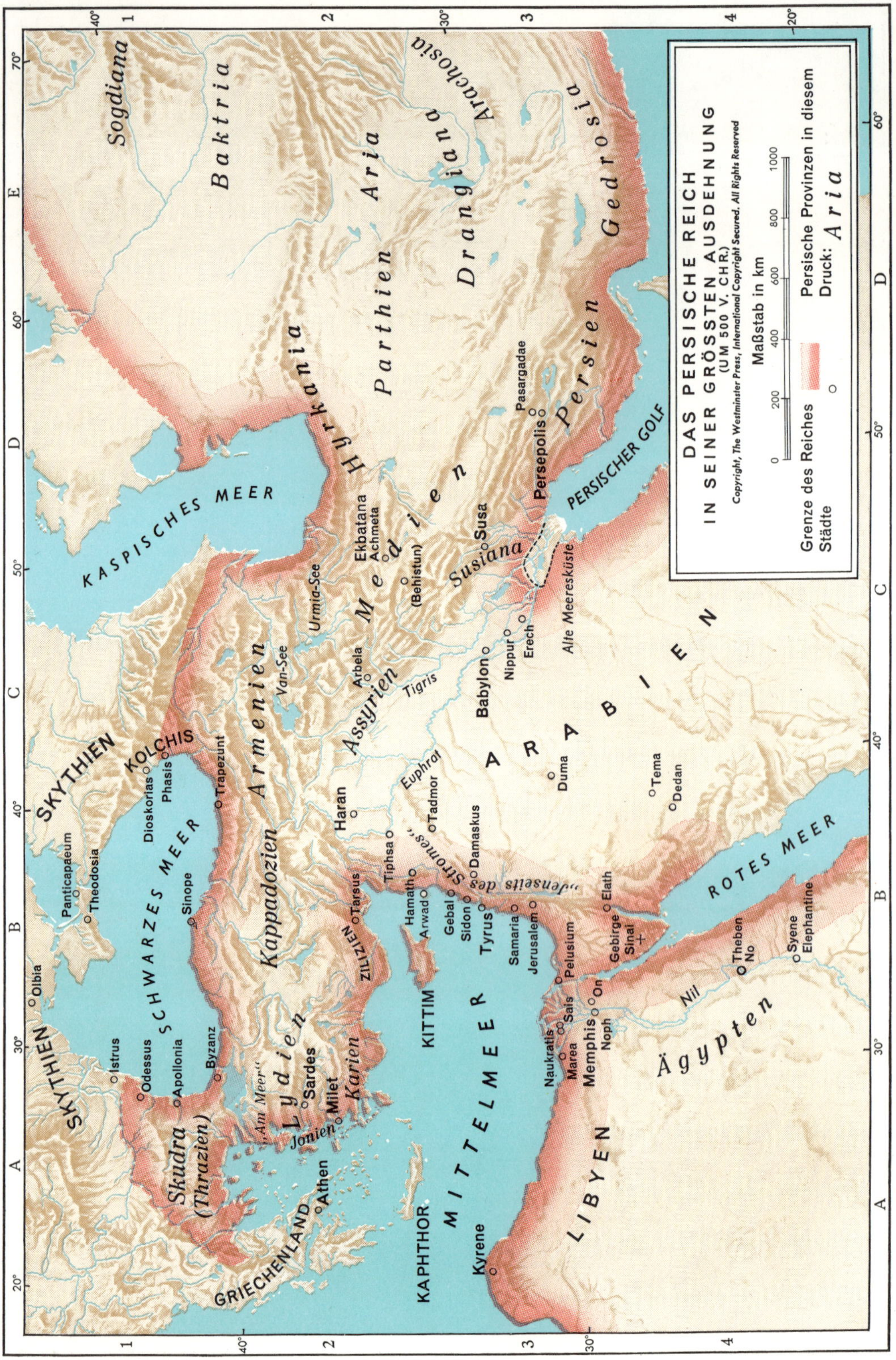

DAS PERSISCHE REICH IN SEINER GRÖSSTEN AUSDEHNUNG
(UM 500 V. CHR.)

Copyright, The Westminster Press, International Copyright Secured. All Rights Reserved

Maßstab in km

0 200 400 600 800 1000

Grenze des Reiches
Städte ○
Persische Provinzen in diesem Druck: *Aria*

Edited By G. Ernest Wright and Floyd V. Filson

Cartography By: Hal & Jean Arbo

Sogdiana
Baktria
Aria
Arachosia
Parthien
Drangiana
Hyrkania
Gedrosia
Persien
Medien
Ekbatana
Achmeta
(Behistun)
Pasargadae
Persepolis ○
Susa
Susiana
PERSISCHER GOLF
Alte Meeresküste
KASPISCHES MEER
Urmia-See
Van-See
Assyrien
Arbela
Tigris
Armenien
Haran
Euphrat
Babylon ○
Nippur ○
Erech ○
ARABIEN
Duma ○
Tema ○
Dedan ○
Kolchis
SKYTHIEN
Dioskorias
Phasis
Trapezunt
Kappadozien
Tadmor
Tiphsa
Tarsus
ZILIZIEN
Hamath ○
Arwado
Gebal
Sidon ○
Tyrus ○
Damaskus ○
Samaria ○
Jerusalem ○
jenseits des Stromes"
Gebirge ○ Elath
Pelusium
ROTES MEER
Panticapaeum ○
Theodosia ○
Sinope ○
Byzanz
SCHWARZES MEER
Odessus ○
Apollonia ○
Istrus ○
Olbia ○
SKYTHIEN
Am Meer
Lydien
Sardes ○
Milet
Karien
Jonien
KITTIM
Athen ○
GRIECHENLAND
Skudra (Thrazien)
Kyrene ○
KAPHTHOR
MITTELMEER
LIBYEN
Ägypten
Nil
Theben ○ No
Syene ○
Elephantine
Naukratis ○
Marea ○
Sais ○
Memphis ○
On ○
Noph
MITTELMEER

Karte XI

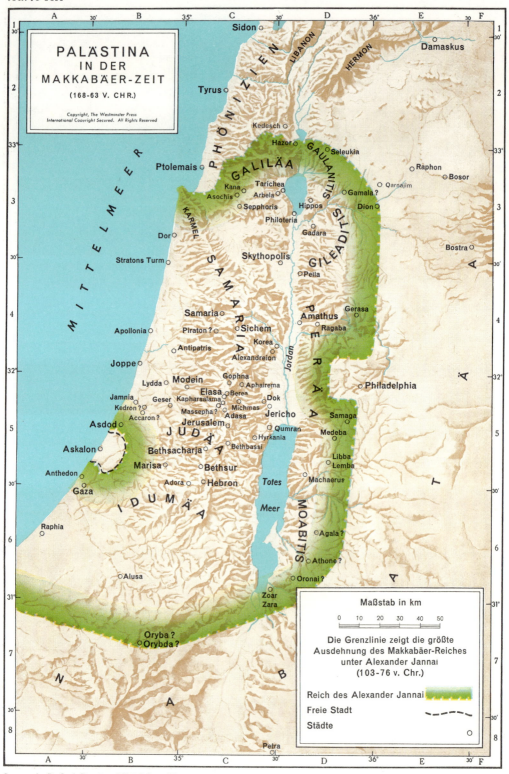

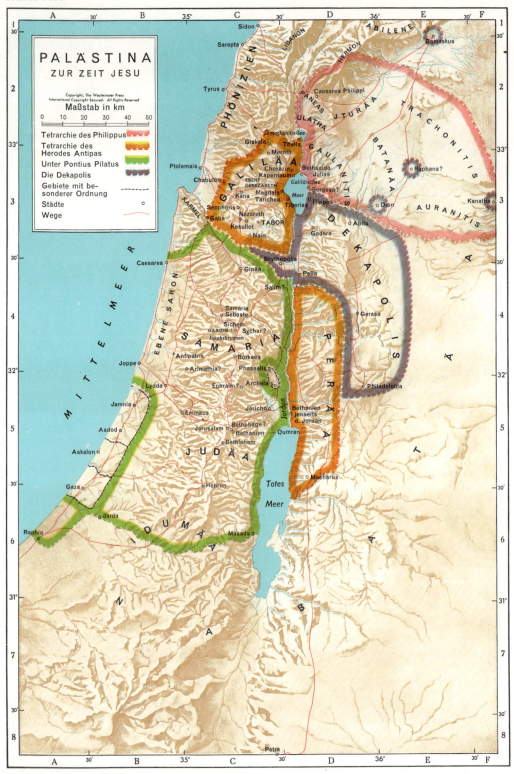

Karte XV

Edited By G. Ernest Wright and Floyd V. Filson

SYRIEN

REICH DES POLEMON

PONTUS EUXINUS (SCHWARZES MEER)

PONTUS UND BITHYNIEN

KAPPADOZIEN

GALATIEN

KILIKISCHE TORE

KILIKIEN

Reich des Antiochus

ZYPERN

Damaskus

Sidon
Tyrus
Ptolemais
Caesarea
Joppe
Jerusalem
Gaza

Arabien

Sinope
Tavium
Holys
Ancyra
Pessinus
Galatien
Ikonion
Lystra
Derbe
Antiochien
Dorylaion
Phrygien
PISIDIEN
LYKAONIEN
PAMPHYLIEN
Perge
Attalia
Myra
LYKIEN
Patara
Rhodos

BITHYNIEN

THRAKIEN

MÖSIEN

Dazien

Donau

PANNONIEN

ILLYRIEN ODER DALMATIEN

Dyrrhachium
Apollonia
Aulona
Nikopolis

MAZEDONIEN

Philippi
Amphipolis
Apollonia
Thessalonich
Berôa
Athen
Korinth
Kenchreä
ACHAIA

Neapolis
Troas
SAMO THRAKE
Assos
Mitylene
Pergamon
Adramyttion
Thyatira
Sardes
Philadelphia
Smyrna
CHIOS
Ephesus
Tralles
Laodizea
Hierapolis
Kolossä
Magnesia
Milet
Samos
SAMOS
IKOS
PATMOS
KOS
Knidos
RHODOS
Salmone?

ÄGÄISCHES MEER

KRETA
Phoenix?
Lasäa
Golfhit
KLAUDA

MITTELMEER

KYRENAIKA
Kyrene
Große Syrte

ADRIATISCHES MEER

Italien
Rom
Tiber
Tres Tabernae
Appii Forum
Puteoli
Neapel
Brundisium
Tarent
Rhegium
Syrakus
SIZILIEN
Malta
Kleine Syrte

KORSIKA
SARDINIEN

AFRIKA

ÄGYPTEN
Alexandrien
Mündungen des Nil

Euphrat
Orontes
Antiochien
Seleukia
Tarsus
Salamis
Paphos

DIE REISEN DES PAULUS

Copyright, The Westminster Press
International Copyright Secured. All Rights Reserved

Maßstab in km

| 0 | 100 | 200 | 300 | 400 | 500 |

Römische Provinzen
Abhängige Staaten   farbig umrandet

Reisen des Paulus:
Frühe Reisen
Erste Missionsreise
Zweite Missionsreise
Dritte Missionsreise
Reise nach Rom
Städte

Cartography By Hal & Jean Arbo

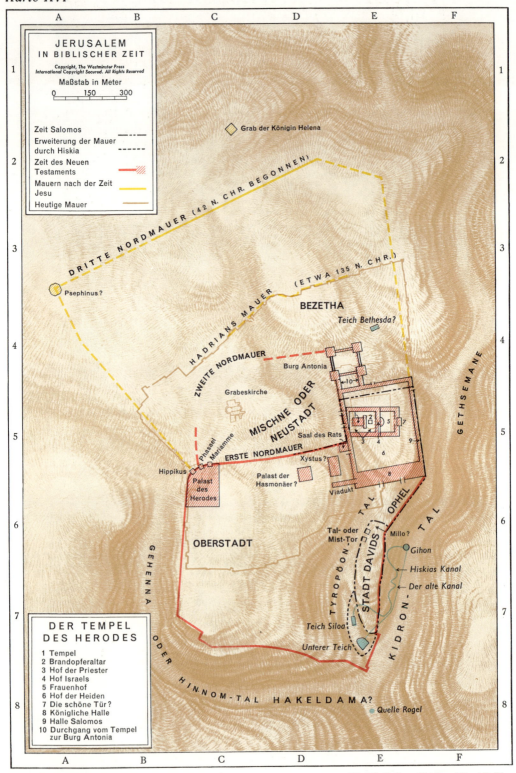

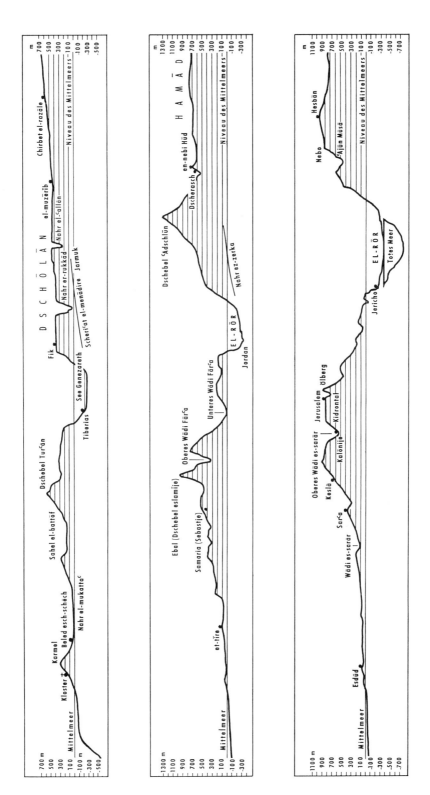

Drei Querschnitte durch den Aufbau Palästinas

(Zeichnung H. Kirbach nach Guthe)

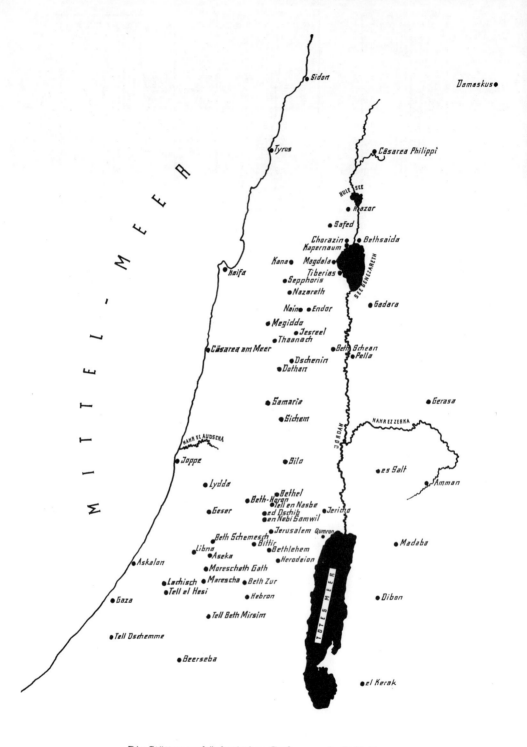

Die Stätten archäologischer Grabungen in Palästina

(Zeichnung H. Edelmann.
Aus „Albright, Die Bibel im Licht der Altertumsforschung")

Die politischen Grenzen im Vorderen Orient seit 1948

(Zeichnung H. Kirbach)

sturz zum Jordangraben mit dem See Genezareth, dessen Spiegel 208 m unter dem des Mittelmeers liegt, sodann den noch steileren Aufstieg zur Hochebene des Ostjordanlandes mit den Landschaften Gaulanitis (Dscholan) und Basan, in die die Flußtäler des Nahr er-rukkad und des Nahr el-allan, zweier Nebenflüsse des Jarmuk (Scheriat el-menadire), eingeschnitten sind.

b) Der Querschnitt vom Mittelmeer durch Samaria zum Gebirge Gilead läßt zunächst die Ebene Saron erkennen, an deren Ostrand heute et-tire liegt, zeigt dann den Aufstieg zum Bergland von Samarien mit der alten Hauptstadt Samaria (später Sebaste, heute Sebastje, 443 m), mit dem noch älteren Sichem (später Neapolis, heute Nablus) mit dem Gipfel des Ebal (Dschebel eslamije, 938 m), dann den Absturz zum Jordangraben (das Wadi Far'a streicht zum Jordan hinunter); östlich vom Jordantal (el-Ror) steigt — über dem tief eingeschnittenen Tal des Jabbok (Nahr ez-zerka) — das Bergland des Dschebel Adschlun empor, das in der Umm ed-daradsch die Höhe von 1291 m erreicht; von Dscherasch, dem alten Gerasa, und en-nebi Hud zieht sich die Steppe (Hamad) nach Osten.

c) Der Querschnitt vom Mittelmeer durch Judäa zum alten Gebirge Abarim zeigt in der Philisterebene das alte Asdod (Esdud), die allmählich ansteigende Ebene Schephela mit dem Wadi es-sarar, das vom Höhenrücken des Gebirges herabzieht (Kalonije unweit westlich von Jerusalem liegt 558 m hoch; Sar'a ist das alte Zor'a aus der Simsongeschichte); Jerusalem liegt 790 m hoch auf der Höhe des alten Tafelgebirges, während der Ölberg 818 m erreicht; dann erfolgt in der „Wüste Juda" der Absturz zum Jordan-Tal (el-Ror); Jericho liegt 250 m, der Spiegel des Toten Meeres 394 m unter dem Mittelmeer; im Osten steigt das Gebirge über 1000 m steil empor, zum Nebo (806 m) und zu der Hochebene, auf der in der Höhe von 874 m das alte Hesbon (heute Hesban) liegt.

2. Ein Blatt, auf dem die Stätten von AUSGRABUNGEN IN PALÄSTINA eingezeichnet sind.

3. Eine Kartenskizze, die die HEUTIGEN POLITISCHEN GRENZEN im Nahen Osten zeigt.

NAMENVERZEICHNIS
zu den 16 farbigen Karten

Die römischen Ziffern (I, II . . .) bezeichnen die Nummern der Karte, die Ortungszahlen (A 1, C 3 . . .) weisen auf die Planquadrate hin und erleichtern das Finden einzelner Orte.

A

Abana-Fluß, I, IV, E 1
Abdon, IV, C 2
Abel, V, VI, VII, XI, C 3
Abel-beth-maacha, IV, D 2
Abel-mechola, IV, C 4
Abel-schittim, III, G 2; IV, D 5
Abila, XIV, D 3
Abilene, XIV, E 1
Abydos, II, E 3
Accaron, siehe Ekron
Achaja, XV, D 3
Achetaton, III, B 6
Achlab, IV, C 2
Achmeta, IX, X, C 2
Achsaph, IV, C 3
Achsib, IV, C 2
Adama, IV, D 4; V, C 4
Adasa, XII, C 5
Adora, XII, XIII, C 5
Adramyttium, XV, E 3
Adriatisches Meer, XV, C 2
Adullam, IV, C 5
Ägäisches Meer, XV, D 3
Ägypten, II, B 4; II, D 3; III, B 5; VIII, IX, X, A 4; XV, E 5
Äthiopien, II, B 4
Afghanistan, II, H 2
Afrika, XV, A 3
Agala, XII, D 6
Ai, III, G 2; IV, C 5
Ajalon, III, G 2; IV, C 5
Golf von Akaba, III, F 5
Akko, I, IV, C 3; V, VI, VII, XI, C 4
Steige Akrabbim, IV, C 7
Alalach, II, E 2
Alaschja, II, E 2
Aleppo, II, E 2
Alexandreion, XII, XIII, C 4
Alexandrien, XV, E 5
Alpen, II, C 1
Alusa, XII, B 6
Amana-Gebirge, VI, VII, D 3; XI, D 2
Amathus, XII, XIII, D 4
Ammon, I, D 5; III, H 2; IV, E 5; V, D 5; VI, VII, XI, D 4
Amoriter, II, F 2
Amphipolis, XV, D 2
Ankyra, XV, F 3
Anthedon, XII, XIII, A 5
Antiochien, XV, F 3, G 3
Reich des Antiochus, XV, F 3
Antipatris, XII, XIII, XIV, B 4; XV, F 5
Burg Antonia, XVI, D 4
Aphairema, XII, C 5
Aphek, IV, B 4, D 3
Apollonia, IX, X, A 1; XII, XIII, B 4; XV, C 3, D 3
Appii Forum, XV, B 2
Ar, IV, D 6; V, VI, VII, C 5
Araba, I, C 8; III, G 3
Araber, VII, E 5; VIII, C 3; XI, B 6
Arabien, IX, X, C 3; XV, G 5
Arabische Wüste, II, F 3; III, H 4; V, VI, XI, E 5
Arachosia, X, E 3
Arad, III, G 2; IV, C 6
Aral-See, II, H 1
Aram, II, C 4; VI, D 3
Ararat, VIII, IX, C 2

Arbela, VIII, IX, X, C 2; XII, XIII, C 3
Archelais, XIV, C 5
Argob, IV, E 3
Aria, X, E 2
Arimathia, XIV, C 4
Armenien, X, C 2
Arnon, I, IV, D 6; III, G 2
Aroer, IV, B 6, D 6
Arpad, VIII, B 2
Arraphcha, II, F 2; VIII, C 2
Arubbot, IV, C 4
Arwad, II, E 2; V, VI,VII, C 2; VIII, IX, X, B 2; XI, C 2, D 2
Aschan, IV, B 6
Aschkenas, II, C 3
Aschtarot, IV, E 3; V, VI, D 4; VII, XI, C 4
Asdod, III, F 2; IV, V, VI, VII, XI, XII, XIII, XIV, B 5
Asdudu, VII, B 5
Aseka, III, F 2; IV, B 5
Asien, XV, E 3
Askalon, II, E 3; III, F 2; IV, V, VI, VII, XI, XII, XIII, XIV, B 5
Asmon, IV, A 7
Asochis, XII, C 3
Asser, V, C 3
Assos, XV, E 3
Assur, II, C 4, F 2; VIII, C 2
Assyrien, II, F 2; X, C 2
Ataroth, IV, D 5
Athen, VIII, IX, X, A 2; XV, D 3
Athone, XII, D 6
Athribis, III, C 3
Attalia, XV, F 3
Auranitis, XIII, XIV, E 3
Avaris, siehe Raemses

B

Baal-hazor, I, IV, C 5
Baal-meon, IV, D 5
Baal-zephon, III, D 3
Babylon, II, F 3; VIII, IX, X, C 3
Babylonien, II, F 3
Bach Ägyptens, III, F 3; IV, A 7; V, VI, VII, XI, B 6
Baktria, X, E 1
Basan, I, IV, D 3
Batanäa, XIII, XIV, E 3
Beeroth, IV, C 5
Beerseba, I, IV, B 6; II, E 3; III, F 2; V, VI, VII, XI, B 5
Behistun, X, D 2
Belutschistan, II, H 3
Bene-berak, IV, B 4
Benjamin, IV, C 5
Berea, XII, C 5
Beröa, XV, D 2
Berothai, V, VI, VII, XI, D 3
Besek, IV, C 4
Beth-anath, IV, C 3
Bethanien, XIV, C 5
Bethanien (jenseits des Jordans) XIV, D 5
Bethbassi, XII, C 5
Bethel, III, G 2; IV, V, VI, VII, XI, C 5
Beth-emek, IV, C 3
Bethesda, XVI, E 4
Beth-hogla, IV, C 5
Beth-horon, III, G 2
unteres Beth-horon, IV, C 5

Bethlehem, IV, C 3, C 5; XIII, XIV, C 5
Beth-nimra, IV, D 5
Bethphage, XIV, C 5
Bethsacharja, XII, C 5
Bethsaida Julias, XIV, D 3
Beth-schean, IV, C 4
Beth-schemesch, IV, B 5
Bethsur, IV, XI, XII, C 5
Betonim, IV, D 5
Bezetha, XVI, D 4
Bithynien, XV, F 3
Bitter-Seen, III, D 3
Blauer Nil, II, E 4
Borkeos, XIV, C 4
Bosor, XII, E 3
Bosporus, XV, E 2
Bosra, III, G 3; IV, D 7; V, VI, VII, C 6
Bostra, XII, E 3
Brundisium, XV, C 3
Busiris, III, C 3
Byblos, II, E 3; V, VI, VII, C 2; XI, C 2, C 3
Byzanz, IX, X, A 1

C

Caesarea, XIII, XIV, B 4; XV, F 4
Caesarea Philippi, XIV, D 2
Chabulon, XIV, C 3
Chaldäa, IX, C 3
Chattuscha, II, E 2
Chelbon, V, VI, VII, XI, D 3
Chilakku, VIII, B 2
Chios, XV, E 3
Chorazin, XIV, D 3

D

Dalmatien, s. Illyrien
Damaskus, I, IV, XII, XIII, XIV, E 2; II, E 3; V, VI, VII, XI, D 3; VIII, IX, X, B 3; XV, G 4
Damiette, Mündung v., III, C 2
Dan, I, D 2; IV, B 5, D 2; V, VI, VII, XI, C 3
Daphne, IX, B 3
Davids Stadt, XVI, E 7
Dazien, XV, D 1
Debir, III, F 2; IV, B 6, C 5
Dedan, II, IX, X, C 4
Dekapolis, XIII, XIV, D 3
ed-der, II, F 3
Derbe, XV, F 3
Dibon, III, G 2; IV, D 5; V, VI, VII, C 5
Dimasqu, VII, D 3
Dion, XII, XIV, E 3
Dioskorias, IX, X, C 1
Dok, XII, C 5
Dophka, III, E 5
Donau, XV, D 2
Dor, IV, B 3; V, VI, VII, XI, B 4; XII, XIII, B 3
Doryläum, XV, E 3
Dothan, IV, C 4
Drangiana, X, E 3
Dschalud, II, F 3
Duma, VIII, IX, X, C 3
Dur-belharran-schadua, VII, C 4
Dur-scharrukin, VIII, C 2
Du'ru, VII, B 4
Dyrrhachium, XV, C 2

E

Ebal, I, IV, C 4
Eben-ezer, IV, B 4
Edom, I, D 7; III, G 3; IV, C 8; V,
  VI, VII, C 6; VIII, B 3
Edrei, IV, E 3; V, VI, VII, XI, D 4
Eglon, III, F 2; IV, B 5
Ekbatana, IX, X, D 2
Ekdippa, XIII, C 2
Ekron, IV, B 5; XII, B 5
Elam, II, C 4, G 3; VIII, IX, D 3
Elasa, XII, C 5
Elath, III, B 7; VIII, IX, X, B 3;
  XI, C 7
Eleale, IV, D 5
Elephantine, II, E 4
Elim, III, D 4
Elteke, IV, B 5
Emmaus, XIV, B 5
En-dor, IV, C 3
En-gannim, IV, C 4
En-gedi, IV, C 6
En-hazor, IV, C 2
En-rimmon, IV, B 6
En-schemesch, IV, C 5
Ephesus, XV, E 3
Ephraim, IV, C 4; XIV, C 5
Erech, II, F 3; VIII, IX, X, C 3
Eridu, II, F 3
Esbus, VIII, D 5
Eschnunna, II, F 3
Eschtemo, IV, C 6
Euphrat, II, F 2; VIII, IX, X, C 2;
  XV, G 3
Ezjon-geber, III, G 4; V, VI, B 7

F

Fajum, III, B 4
W. Fara, I, C 4

G

Gaba, XIII, XIV, C 3
Gad, IV, D 5
Gadara, XII, XIII, XIV, D 3
Galatien, XV, F 3
Gal'aza, VII, C 4
Galiläa, I, XII, XIII, XIV, C 3
Galiläa der Heiden
  (Gelil ha-gojim), XI, C 4
Galiläisches Meer, XIV, D 3
Gamala, XIII, XIV, D 3
Garizim, I, IV, XIII, XIV, C 4
Gath, IV, V, VI, VII, B 5
Gath-hepher, IV, C 3
Gaulanitis, XII, XIII, XIV, D 3
Gaza, I, XII, XIV, A 6; III, F 2;
  IV, XIII, A 5; IX, B 3; XV, F 4
Gebal, VIII, IX, X, B 3
Gedrosia, X, E 3
Gehenna, XVI, B 6
Genezareth, siehe Kinnereth
Ebene Genezareth, XIV, C 3
See Genezareth, I, IV, D 3
Gerar, I, IV, A 6; II, E 3; III, F 2;
  V, VI, VII, XI, B 5
Gerasa, XII, XIV, D 4
Gergesa, XIV, D 3
Geser, III, F 2; IV, B 5; XII, XIII,
  B 5
Gesur, V, C 4
Gethsemane, XVI, F 5
Gibéa, IV, C 5
Gibeon, III, G 2
Gihon, XVI, E 6
Gilboa, I, IV, C 4
Gilead, I, D 4; XI, C 4
Gileaditis, XII, D 3
Gilgal, III, G 2; IV, VII, C 5
Gimirral, VIII, B 2
Ginäa, XIV, C 4
Giskala, XIV, C 2
Golan, IV, D 3
Gomer, II, B 3
Gophna, XII, C 5
Gosen, I, B 4
Grabeskirche, XVI, C 5
Griechenland, VIII, IX, X, A 2
Gutfurt, XV, E 4

H

Hadrians Mauer, XVI, C 4
Hakeldama, XVI, D 8
Halab, II, E 2
Halak, IV, B 7
Halys, II, E 2; XV, F 3
Hamath, II, E 2; V, VI, VII, D 1;
  VIII, IX, X, B 2; XI, D 1, D 2
Hammath, IV, D 3
Hammon, IV, C 2
Hannathon, IV, C 3
Hapharaim, IV, C 3
Haran, II, F 2; VIII, X, B 2;
  IX, C 2
Quelle Harod, IV, C 3
Hasar-enon, V, VI, VII, XI, E 2
Haser-addar, III, F 3; IV, A 7
Haseroth, III, F 5
Hasmonäer-Palast, XVI, D 5
Hauran, XI, D 4
Haurina, VII, D 4
Havilla, II, C 4
Hazarmaveth, II, C 4
Hazezon-tamar, IV, C 7
Hazor, II, E 3; IV, D 2
Hebron, I, XIV, C 6; III, G 2; IV,
  XII, XIII, C 5
Grab der Helena, XVI, C 2
Heliopolis, II, E 3; III, C 3
Helkath, IV, C 3
Hellespont, XV, E 3
Herakleopolis, II, E 3; III, B 4
Hermon, I, IV, XII, XIII, XIV,
  D 2; V, VI, XI, C 3
Hermopolis, III, B 6
Herodeion, XIII, C 5
Palast des Herodes, XVI, C 6
Hesbon, III, G 2; IV, D 5; V, VI,
  VII, XI, C 5; XIII, D 5
Hierapolis, XV, E 3
Hinnom-Tal, siehe Gehenna
Hippikus, XVI, C 5
Hippos, XII, XIII, XIV, D 3
Hiskias Kanal, XVI, E 7
Horeb, siehe Sinai
Hukkok, IV, C 3
Hule-See, I, D 2
Hyrkania, X, D 2; XII, XIII, C 5

I

Idumäa, XI, B 5; XII, XIII, XIV,
  B 6
Ijon, V, VI, VII, XI, C 3
Ikonion, XV, F 3
Illyrien, XV, C 2
Indischer Ozean, II, H 4
Isaschar, IV, C 3
Israel, V, VI, C 4
Istrus, IX, X, A 1
Italien, XV, B 2
Ituräa, XIV, D 2

J

Jabbok, I, IV, D 4
Jabesch in Gilead, IV, D 4
Jabneel, IV, B 5, D 3
Jair, IV, D 3
Jakobsbrunnen, XIV, C 4
Jamnia, XII, XIII, XIV, B 5
Janoah, IV, C 4
Japhia, IV, C 3
Jarda, XIV, B 6
Jarmuk, I, D 3
Jarmuth, IV, B 5
Jatnana, VIII, B 2
Jawan, II, B 3
Jebus, siehe Jerusalem
Jehud, IV, B 6
Jerachmeel, IV, B 6
Jericho, I, IV, VI, XII, XIII, XIV,
  C 5; III, G 2
Jerusalem, I, IV, V, VI, VII, XI,
  XII, XIII, XIV, C 5; II, E 3;
  III, G 2; VIII, X, B 3; XV, G 4
Jesreel, IV, C 3
Ebene Jesreel, I, IV, C 3

Jibleam, IV, C 4
Tal Jiphthach-El, IV, C 3
Jogbeha, IV, D 4
Jokneam, IV, C 3
Joktan, II, C 4
Jonien, IX, X, A 2
Joppe, I, IV, V, VI, VII, XI, XII,
  XIII, XIV, B 4; III, F 1; XV, F 4
Jordan, I, IV, XII, XIII, XIV, D 4
Juda, I, XI, C 5; IV, V, VI, B 5;
  VII, B 6; VIII, B 3
Judäa, XII, XIII, XIV, C 5

K

Kabul, IV, C 3; V, C 4
Kadesch, V, VI, VII, D 2
Kadesch-barnea, I, IV, A 7; III, F 3;
  V, VI, VII, XI, B 6
Kalah, VIII, C 2
Kaleb, IV, C 6
Kallirhoe, XIII, D 5
Kalne, VIII, B 2
Kamon, IV, D 3
Kana, IV, C 2; XII, XIV, C 3
Bach Kana, IV, C 4
Kanaan, II, C 4; III, G 2
Kanatha, XIII, XIV, F 3
Kanisch, II, E 2
Kapernaum, XIV, D 3
Kaphar-salama, XII, C 5
Kaphthor, II, B 4, D 2; VIII,
  IX, X, A 2
Kappadozien, X, B 2; XV, G 3
Kar-assur-achu-iddin, VII, C 3
Karkemisch, II, E 2; VIII, IX, B 2
Karien, X, A 2
Karmel, IV, C 6
Berg Karmel, I, IV, XIV, B 3; XII,
  XIII, C 3
Karpaten, II, D 1
Kaspisches Meer, II, G 2; VIII, IX,
  X, D 1
Kaukasus, II, F 2
Kedar, VIII, IX, B 3
Kedesch, XII, D 2
Kedron, XII, B 5
Kegila, IV, C 5
Kenchreä, XV, D 3
Keniter, IV, C 6
Kesalon, IV, C 5
Kesullot, IV, C 3; XIV, C 3
Khartum, II, E 4
Kidrontal, XVI, E 7
Kilikien, XV, G 3
Kilikische Tore, XV, G 3
Kimmerier, siehe Gimirrai
Kinneret, IV, D 3
Kir-hareset, I, IV, D 6; III, G 2;
  V, VI, VII, C 5
Kirjathajim, IV, D 5
Kirjath-jearim, IV, C 5
Kisch, II, F 3
Kison, I, IV, C 3
Kittim, II, B 4
Kittiter, IX, X, B 3
Klauda, XV, D 4
Knidus, XV, E 3
Königl. Park, XI, C 3
Kolchis, IX, X, C 1
Kolossä, XV, E 3
Korea, XII, C 4
Korinth, VIII, IX, A 2; XV, D 3
Korsika, XV, A 2
Kos, XV, E 3
Kreta, II, D 2; XV, D 4
Kun, V, VI, VII, XI, D 2
Kusch, II, B 4, E 4
Kuta, VIII, IX, C 3
Kykladen, II, D 2
Kyrenaika, XV, D 5
Kyrene, IX, X, A 3; XV, D 4

L

Lachisch, I, B 5; III, F 2; IV, V,
  VI, VII, XI, B 5
Laodizea, XV, E 3
Larsa, II, F 3

Lasäa, XV, D 4
Lebona, IV, C 4
Lehabiter, II, B 4
Libanon, I, IV, D 1; V, VI, C 3;
XII, XIII, XIV, D 2
Libba, XII, D 5
Libna, III, F 2; IV, B 5
Libyen, II, B 4, D 3; III, VIII,
IX, X, A 3
Litani, I, C 2
Lod, IV, B 5
Lubiter, II, B 4
Lud, II, B 3
Lydda, XII, XIV, B 5
Lydien, VIII, X, A 2
Lydisches Reich, IX, A 2
Lykaonien, XV, F 3
Lykien, IX, A 2; XV, E 3
Lystra, XV, F 3

M

Maacha, V, C 3
Machaerus, XII, XIII, XIV, D 5
Machir, IV, D 4
Madaba, siehe Medeba
Madon, IV, C 3
Magdala, XIV, D 3
Magidu, VII, C 4
Magnesia, XV, E 3
Mahanajim, IV, D 4; V, VI, C 4
Malta, XV, B 3
Mamre, II, E 3
Manasse, IV, C 4, D 4
Mansuate, VII, D 2
Maon, IV, C 6
Mara, III, D 4
Marea, X, A 3
Marescha, IV, B 5
Mari, II, F 2
Mariamme, XVI, C 5
Marisa, XII, XIII, B 5
Masada, XIII, XIV, C 6
Massepha, XII, C 5
Massyas, XI, C 3
Mattana, IV, D 5
Mazedonien, II, XV, D 2
Medeba, III, G 2; IV, XII, D 5;
V, VI, VII, XI, C 5
Meder, II, C 4; VIII, D 2
Medien, X, C 2
Medisches Reich, IX, B 2
Megiddo, IV, C 3; V, VI, VII, C 4
Memphis, II, E 3; III, C 4; VIII,
IX, X, B 3
Mensaleh-See, III, D 2
Meroe, II, E 4
Wasser von Merom, IV, C 3
Meroth, XIV, C 3
Mersin, II, E 2
Meschech, II, B 3
Michmas, IV, XII, C 5
Midian, III, G 4
Milet, X, A 2; XV, E 3
Millo, XVI, E 6
Mischne, XVI, D 5
Misrephot-majim, IV, C 2
Mitylene, XV, E 3
Mizrajim, II, B 4
Moab, I, IV, D 6; III, G 2; VIII,
B 3; V, VI, VII, XI, C 5
Moabitis, XII, D 6
Modein, XII, C 5
Moeris-See, III, B 4
Mösien, XV, D 2
Hügel More, IV, C 3
W. Murabba'at, I, C 5
Myra, XV, F 3
Mysien, XV, E 3

N

Naarath, IV, C 5
Nabatäa, XII, XIII, A 7; XIV, B 7
Nain, XIV, C 3
Naphthali, IV, C 3
Naukratis, IX, A 3; X, B 3
Nazareth, I, XIII, XIV, C 3
Neapel, XV, B 2
Neapolis, XV, D 2

Nebo, I, IV, D 5; III, G 2
Necheb, II, E 3
Nechen, II, E 3
Negeb, I, A 7
Negiel, IV, C 3
Neustadt, XVI, D 5
Nikopolis, XV, D 3
Nil, II, E 3; III, C 4; VIII, IX,
X, B 4
Blauer Nil, II, E 4
Weißer Nil, II, E 4
Nilmündungen, XV, F 4
Ninive, II, F 2; VIII, C 2
Nippur, II, F 3; VIII, IX, X, C 3
Noba, IV, F 3; V, VI, VII, XI, D 4
Nordmauer, erste, XVI, C 5
Nordmauer, zweite, XVI, C 4
Nordmauer, dritte, XVI, B 3

O

Oberstadt, XVI, C 6
Obot, III, G 3
Odessus, IX, X, A 1
Olbia, IX, X, B 1
On, VIII, IX, X, B 3
Ono, IV, B 4
Ophel, XVI, E 6
Ophir, II, C 4
Ophra, IV, C 5
Oronai, XII, D 6
Orontes, XV, G 3
Oryba, XII, B 7
Ostjordanisches Hochland, I, D 6

P

Padan-aram, II, F 2
Pamphylien, XV, F 3
Paneas, XIII, XIV, D 2
Pannonien, XV, C 1
Panticapaeum, X, B 1
Paphos, XV, F 4
Wüste Paran, III, F 4; IV, B 8
Parpar, IV, E 2
Parthien, X, D 2
Pasargadae, X, D 3
Patara, XV, E 3
Pathros, II, B 4
Pella, XII, XIII, XIV, D 4
Pelusium, III, D 3; X, B 3
Peräa, XII, XIII, XIV, D 4
Pergamon, XV, E 3
Perge, XV, F 3
Persepolis, X, D 3
Persien, IX, X, D 3
Persischer Golf, II, G 3; VIII, IX,
X, D 3
Pessinus, XV, F 3
Petra, XII, XIII, XIV, C 8
Phasael, XVI, C 5
Phasaelis, XIII, XIV, C 4
Phasis, IX, X, C 1
Philadelphia, XII, XIII, XIV, D 5;
XV, E 3
Philippi, XV, D 2
Philistäa, V, B 5
Philister, IV, B 5
Philister-Ebene, I, B 5
Philoteria, XII, D 3
Phoenix, XV, D 4
Phönizien, V, VI, C 3; XII, XIII,
XIV, C 2
Phrygien, VIII, B 2; XV, F 3
Piraton, IV, XII, C 4
Pisidien, XV, F 3
Pithom, III, C 3
Pniel, IV, D 4
Polemons Reich, XV, G 2
Pontus, XV, F 2
Pontus Euxinus, XV, F 2
Propontis, XV, E 2
Psephinus, XVI, A 3
Ptolemais, XII, XIII, XIV, C 3;
XV, F 4
Punon, II, E 3; III, G 3; IV, C 7;
V, VI, VII, C 6
Punt, II, F 4
Put, II, B 4
Puteoli, XV, B 2
Pyrenäen, II, A 1

Q

Qantir, III, C 3
Qarnajim, IV, E 3; XI, C 4;
XII, E 3
W. Qelt, I, C 5
Qarnini, VII, C 4
Qatna, II, E 2
Qumran, XII, XIII, XIV, C 5
W. Qumran, I, C 5

R

Rabbat-Ammon, I, IV, D 5; III,
G 2; V, VI, VII, XI, C 5
Ragaba, XII, D 4
Rakkon, IV, B 4
Rama, IV, C 3, C 5
Ramathajim-zophim, IV, B 4
Ramoth-Gilead, V, VI, VII, D 4;
IV, E 3; XI, C 4
Ramses, III, C 3
Raphana XIV, D 3
Raphia, III, F 2; XII, XIII, XIV,
A 6
Raphidim, III, E 5
Raphon, XII, E 3
Rehob, IV, C 3
Rehoboth, IV, B 6
Rhegium, XV, C 3
Rhodos, XV, E 3
Ribla, V, VI, VII, XI, D 2
Rimmon, IV, C 3
Riphath, II, B 3
Quelle Rogel, XVI, E 8
Rogelim, IV, D 3
Rom, XV, B 2
Rosetta-Mündung, III, B 2
Rotes Meer, II, E 4; III, F 6; VIII,
IX, X, B 4
Ruben, IV, D 5

S

Saal des Rats, XVI, D 5
Saba, II, C 4
Sais, IX, X, B 3
Salamis, XV, F 4
Salem, IV, C 4
Salim, XIV, D 4
Salka, V, VI, VII, XI, D 4
Salmone, XV, E 4
Salztal, IV, B 6
Salzwüste, II, G 2
Samaga, XII, D 5
Samal, VIII, B 2
Samaria, I, VI, VII, XI, XII, XIII,
XIV, C 4; IX, X, B 3
Samerena, VII, C 4
Samos, XV, E 3
Samothrake, XV, E 3
W. Sarar, I, B 5
Sardes, X, A 2; XV, E 3
Sardinien, XV, A 2
Sarepta, IV, XIV, C 2
Saron-Ebene, XIV, B 4
Saruhen, III, F 2; IV, A 6
Schephela, I, B 5
Schwarzes Meer, II, E 2; VIII, IX,
X, B 1
Sebaste, XIII, XIV, C 4
Sebulon, IV, C 3
Seïr, IV, C 7
Sela, I, IV, C 8; III, G 3; V, VI,
VII, C 6
Seleukia, XII, D 3; XV, G 3
Semachonitis-See, XIV, D 2
Semne, II, E 4
Sepharad, VIII, IX, A 2
Sepphoris, XII, XIII, XIV, C 3
Sered, I, IV, D 7; III, G 3
Sichem, II, E 3; IV, V, XII, XIV,
C 4
Sidon, I, IV, XII, XIII, XIV, C 1;
II, E 3; V, VI, VII, XI, C 3;
VIII, IX, X, B 3; XV, G 4
Sihon, III, G 2
Silo, III, G 1; IV, C 4
Teich Siloah, XVI, D 7
Simeon, IV, B 6
Simirra, VII, D 2

Wüste Sin, III, E 5, F 3; IV, B 7
Sinai, III, F 5; VIII, IX, X, B 4
Halbinsel Sinai, III, E 4
Sinear, II, C 4
Sinope, IX, X, B 1; XV, G 2
Siph, IV, C 6
Sippar, VIII, C 3
Sirbonis-See, III, E 2
Sizilien, II, C 2; XV, B 3
Skudra, X, A 1
Skythien, X, A 1, B 1
Smyrna, XV, E 3
Socho, IV, C 4
Sogdiana, X, E 1
Sparta, VIII, IX, A 2
Speos Artemidos, III, B 6
Stratons Turm, XII, XIII, B 4
Subutu, VII, D 2
Golf von Suez, III, E 5
Sukkoth, III, D 3; IV, D 4
Sunem, IV, C 3
Wüste Sur, III, E 3
Susa, II, G 3; VIII, IX, X, D 3
Susiana, X, D 3
Sychar, XIV, C 4
Syene, VIII, IX, X, B 4
Syrakus, XV, B 3
Syrien, VI, D 3; XV, G 3
Große Syrte, XV, C 4
Kleine Syrte, XV, B 4

T

Taanach, IV, C 3
Taanat-Silo, IV, C 4
Tabal, VIII, B 2
Tabbath, IV, D 4
Tabor, I, IV, XIII, XIV, C 3
Tadmor, II, E 2; V, VI, VII, XI,
    F 2; IX, X, B 3
Tal-Tor, XVI, E 6
Tanis, II, E 3
Tappuach, IV, C 4
Tarent, XV, C 3

Tarichea, XII, XIII, D 3
Tarschisch, II, A 3
Tarsus, II, E 2; VIII, IX, X, B 2;
    XV, F 3
Taurus, XV, F 3
Tavium, XV, F 3
Tell el-amarna, III, B 6
Tell el-jehudije, III, C 3
Tema, VIII, IX, X, C 4
Teman, III, G 3; IV, D 8; V, VI,
    VII, C 6
Tepe Gawra, II, F 2
Tepe Gijan, II, G 2
Tepe Sialk, II, G 2
Theben, II, E 3; VIII, IX, X, B 4
Thebez, IV, C 4
Thella, XIV, D 2
Theodosia, X, B 1
Thessalien, II, D 2
Thessalonich, XV, D 3
Thrazien, XV, D 2
Thyatira, XV, E 3
Tiber, XV, B 2
Tiberias, XIV, D 3
Tigris, II, F 2; VIII, IX, X, C 3
Til Barsip, II, E 2
Timna, IV, B 5
Timnat-serach, IV, C 5
Timsa-See, III, D 3
Tiphsa, VIII, IX, X, B 2
Tirqa, II, F 2
Tirza, IV, C 4
Tisbe, VI, C 4
Tob, IV, E 3
Togarma, II, C 3
Totes Meer, I, C 6; III, G 2; IV,
    V, VI, VII, XI, XIV, C 5; XII,
    XIII, C 6
Trachonitis, XIII, XIV, E 2
Tralles, XV, E 3
Trapezunt, IX, X, C 1
Tres Tabernae, XV, B 2
Tripolis, XI, C 2, D 2
Troas, II, D 2; XV, E 3

Trogyllium, XV, E 3
Tubal, II, C 3
Turkestan, II, H 1
Tuttul, II, F 3
Tyropöon-Tal, XVI, D 7
Tyrus, I, IV, XII, XIII, XIV, C 2;
    II, E 3; VIII, IX, X, B 3; XI, C 3;
    XV, G 4

U

Ugarit, II, E 2
Ulatha, XIII, XIV, D 2
Unterer Teich, XVI, E 7
Urartu, VIII, IX, C 2
See von Urmia, VIII, IX, X, C 2

V

See von Van, II, F 2; VIII, IX,
    X, C 2
Viadukt, XVI, E 6

W

Weißer Nil, II, E 4

X

Xystus, XVI, D 5

Z

Zara, XII, C 6
Zedad, V, VI, VII, XI, D 2
Zereda, IV, C 4
Ziklag, IV, B 6
Zilizien, IX, X, B 2
Zilu, III, D 3
Zoan, VIII, B 3
Zoar, XII, C 6
Zoba, V, D 3
Zora, IV, B 5
Zypern, V, VI, VII, XI, B 1;
    XV, F 4